비움

남선현 시집

국립중앙도서관 출판예정도서목록(CIP)

비움 : 남선현 시집 / 지은이: 남선현. -- 서울 : 들꽃, 201
6
p. ; cm. -- (들꽃시선 ; 133)

전라남도 문화관광재단 지원으로 출판제작되었음
ISBN 978-89-6143-195-8 03810 : ₩8000

한국 현대시[韓國現代詩]

811.7-KDC6
895.715-DDC23 CIP2016025714

인지
생략

들꽃시선 133
비움

지은이/남선현
펴낸이/문창길
초판인쇄/2016년 11월 20일
초판펴냄/2016년 11월 25일
펴낸곳/도서출판 들꽃
주 소/100-273 서울 중구 서애로 27(필동3가) 서울캐피탈빌딩 B202호
전 화/02)2267-6833, 2273-1506
팩 스/02)2268-7067
출판등록/제2-0313호
E-mail:dlkot108@hanmail.net

값 8,000원
*파본된 책은 바꾸어 드립니다.

ISBN 978-89-6143-195-8 03810

_이 책은 전라남도 문화관광재단 지원으로 출판제작 되었습니다.

들꽃시선 133

비움

남선현 시집

| 시인의 말 |

비움

안개 속에 있는 존재는 늘 뿌옇다
그러하기에 역설적 사고는 항시 치열하게
부딪히며 부정적 감성으로 상처를 입히고
그럴 때면 피를 철철 흘리는 가슴 부여잡고
환희와 즐거움 아닌 고통과 괴로움을
웃음 아닌 울음을 기쁨 아닌 슬픔을
갈등과 불화와 불안 아닌 화합과 화해와 안정을
불행 아닌 행복을
갑도 을도 병도 아닌 우주를 탐닉하며
한 웅큼 쌓여가는 흐릿한 열정을 힘차게 뿌려 본다.

평온한 날들을 위해

2016년 가을 빈독골에서
蒼龍 남선현

차례

제2부 땅벌과 고무신

제3부 월령리 포구

제4부 소리는 울음을 머금고

제
1
부

달팽이는

가슴앓이

가슴 깊이 박힌 못에
상처가 덧나 피고름 고인다

닦아낸 아픔보다 남은
그리움이 옥조여 온다

파편처럼 널브러진 순간들
켜켜이 쌓인 앙금
잊으려 잊으려 해도

울컥
밀려온 통증 못 견디게 아려와
죽임으로 사라지고

갈림길에 서서

벼랑에 서서 앞을 바라보니 뻥 뚫린 시야엔
먹구름 희뿌옇게 발끝 절절거리게 한다
한발 짝만 옮기면 끝없는 나락이
허공 속에 펼쳐지고 돌아가기엔 때늦은 세월이
발목 잡고 있다

바위처럼 굳어버린 정신 세월에 맡기기엔
젊음이 복받쳐 목매어 하지만 어쩌란 말인가
저 넓은 세상 날 수 없음이
날개 잘린 아픔이 이다지도 처절하게 조여옴을
거대한 바위에 올라 꼼짝 못하고 울부짖는
초라한 몰골이 뇌리를 떠나지 않고 괴롭히고 있을 때

다른 나는 주위를 배회하며 끝없이 퍼덕퍼덕 날갯짓 하고.

끝은 어디인가

아침에 일어나 쫓기듯 시작한 반복된 하루
밤새 채워지지 않은 허기에 쓰려오는
끝자락 구겨 넣고 기지개켜면
텅 빈 찜찜함 모든 것이 휑하다

이내 어둠 헤집고 찾아든 혼자된 암담함
미련인지 아쉬움인지 부딪혀 맴도는 순간들
기억되는 지나간 것들에 대한 연민을
잊고자 걷고 뛰고 달려 되돌아오면 알 수 없는
무력감 초점 잃고 흔들리고 있다

여명이 밝아오는 하늘 바라보면
무게에 짓눌린 몸뚱이 이끌고
과거의 늪에 빠져 몸부림치는
기억의 끝에 닿아 대야에 비친 얼굴
잔물결 일렁이며 산산이 흩어지는데

나눔이 청춘뿐이랴

채워지지 않는 빈 가슴
불현듯 떠 오른 지난 시간
스멀스멀 다가오는 정겨웠던 일
말없이 서로 헤아리며
마음으로 전해지던 긴장감도
어찌 그렇게 따스했는지

알 수 없는 스산함 엄습 해
싸늘하게 느껴진 실내 공기마저
줄척줄척 계절 적시는 빗물처럼
흐물흐물 일상에 스며 헤매게 하면

어느덧 옛 일처럼 떠오르는
지나온 뜨거움이 어찌 청춘뿐이랴
그들이
그날들이 모여 바다를 품는 것을

낙엽

정제된 세상에 마음 한 줌
내려놓으면 상처뿐인
궤적들 혼돈스럽게 흩어져
뒹굴다 끝자락이 걸려있다

간절하게 외친 소리는
외마디 단절음에 멈춰
스치는 입김에도 흔들려
붙잡은 손을 놓으려 한다

기대 할 것이 없다
절망 할 것도 없다

없기에 서럽다

달팽이는

늘 혼자였다고 생각했지
거들떠보지 않은 길을 걸으며
남보다 많은 걸음으로 당당해야 했고
아무도 모른 울적함 감추려
웃음 지으며 고통을 넘겨야 했다

울지 않으려 입술 깨물며 고개를 들었지
눈망울 붉게 타고 목이 타 들어도
도망치지 못할 만큼 참고 참아야
잎사귀를 넘었고 의젓하게 이슬로 목을 축였지
때론 가장 낮은 곳으로 무겁게 무겁게
지고 넘어 왔는데 무엇이 또 막아서느냐

발을 헛딛고 칼날에 베인 상처가 아려와도
아닌 척 희망의 끈을 잡고 몸부림쳤고
죽을 힘 다해 걸어가야 했다 그렇다 집 속에
가둬버린 알몸의 움츠림도 살기 위한
처절함의 아우성인데 그것마저 할 수 없단
말이냐

손잡고 걷고 싶다 그런데 두렵다 단단한
집이 어느 날 으스러지는 아픔을 보았기에
배밀이하며 안으로 안으로
숨으려하는 스스로를 책망하며
오늘도 그늘도 잎도 햇살도 보잘것없는
육신도 자꾸 작아진다

태양 앞에 온몸으로 사르고 싶다
등에 짊어진 집 세상에 던져주고
입어도 벗은 것 같은 알몸으로
타액이든 눈물이든 몸에 바르고
냇가 돌침대에 누워 모든 걸 쏟아
은빛 찬란한 순간을 맞고 싶다.

항해

- 여정旅程

그해 사월 진도 앞바다 세월호에서
삼백사 명을 용왕이 데려가던 날
안산은 맹골수도는 이 땅은
망연자실 악마가 삼켰다고
연일 분노케 해 서로 물어뜯어
핏물처럼 뻐얼건 폭풍우 몰고
마음 휩쓸 때

우리 열두 명의 전사 중 여덟은
오랜 세월 함께 부딪기며 울고 웃던
여정의 부두가에서 책임과 의무
실적과 고과 질서와 규칙 속박과 구속
미소와 냉철함 마저 내려놓고
나름의 세계로 떠나며 남은자의
여정도 공유키로 하였다

어떤 세계로의 여정이던
삼 개월에 한 번의 만남
기다려지고 설렌다 그리워진다
함께 했던 기억은

외롭고 고독하고 우울할 때
뜻 모를 미소 짓게 한다
혼자의 쓸쓸함을 달래주는 것은
보고픔과 동광의 힘이다

오늘도 혼자가 아닌 열두 명과
함께 있음을 깃발에 새기며
여정을 이어간다.

딱지

직장생활 열정과 의욕
사리진 자리에는
칼을 품은 오기만 자라
상처가 덧나는 줄 모르고
서슬 퍼렇게 세워진 날 끝을
움켜잡고 힘을 주려 한다

기대할 것도 바라는 것도
몽땅 그려 가슴에 삭이며
비수에 꽂혀 상처투성인 채
살기위해 몸부림치며 전쟁터에
나서는 싸움꾼이 되어 있었다

실적 목표달성 선순환
들이대는 칼끝은 숨을 멎게 하고
질리도록 학대하며 자해하듯 괴로워
하루하루 쌓인 날들과 그렇게 조여 온
실리들

찔리고 핥고 꿰매고 깁고 휘두르며

무뎌진 촉은 숫돌에 갈린 날을 세운
돌가루처럼
눈 앞 일상들이 헐떡거리며
원망과 합리화에 난도질 당해
누덕累德이된 딱지를
쓰릿 아릿한 가슴 어루만지며
붙어있는 부스러기를 다독이고 있다.

떠남

스치는 곳 마다 눈에 밟힌 기억들
애써 태연을 가장해 거들먹거리며
다잡아 보지만
어쩔 수 없는 속내 감출 수 없어
아주 먼 곳 향해 고개 들면 손끝에
박힌 가시처럼 가슴이 욱신거려 쓸쓸히 눈물 삼킨다

떠난 자리 남은 것은 텅 빈 마음
허전함 지속되고 아려오는 아픔
잊어버리려 이곳저곳 기웃거리다
이내 찾아온 집 문 열면 환하게
다가설 것 같은 온기 싸늘히
식어 울컥 숨이 멎듯 먹먹하다

많은 시간 다짐하고 나름 담대하게
대처 하리라 헤아릴 수 없이 곱씹었는데
흔들리고 있다 몸도 마음도
기억은 새로운 것 갈망하고 초조함의 연속
지나온 날들이 소름 돋도록 싫은 떠오름
뒷모습은 늘 망망한 순간인 것을

별박이

글썽이는 눈물과 가녀린 흐느낌
켜켜이 묻어둔 쓰린 상처 들춰
되돌아보니 별박이 되어 돌고 있다

어스름한 여운 산허리에 걸친 눈썹달
밝음과 어둠의 조화 잡히지 않은 현실
요동치는 갈증이 스산한 바람 만나
후들후들 알록달록 스치고 있다

밤과 낮이 실체를 상실케 하고
별이란 환상만 남긴 하늘 향해
조소를 보내면 엉킨 줄 한 묶음
연륜에 감겨 멀어진 매듭 풀어보는데

뿌락데기의 눈물 · 3

젊은 날 세상을 얻고자 혼신 바쳐
뛰어왔건만 남은 건 허탈과 허망
메말라버린 정신 감싸고 내 안에서
무너지고 있다

나는 어디에 있는 걸까
너는 또 어디로 필요에 의해 쓰였다
버려지는 일회용 종이컵처럼
희비가 엇갈리고 최소한의 갈망마저
외면당한 소외감 떨떠름한 기분
감추고 웃어야하는 현실

억누름과 피폐해진 의욕마저
황량한 벌판에 내동댕이쳐지면
지금도 힘겨운데 농부 손에 끌려
밭갈이 하듯 그렇게 가야만하나
눈가엔 섞이지 못한 눈물과 땀방울
범벅되어 있는데

잃어버린 시간
- 불면不眠 · 1

긴장된 하루가 어둠과 함께 찾아오는 밤
잠자리에 들면 꿈틀꿈틀 알록달록 혼돈의 잠행이 시작 된다

불을 끄든 켜놓던 눈에 비친 모습들은 일그러져 덮쳐오고
놀라 부릅뜨면 천장 속으로 깊이 숨어버린 잠

심장은 꽁꽁 얼어 녹지 않고 조각조각 얼음덩이 잘게 부셔
쌓인 노역의 언어들을 곱씹어 안정시켜 보지만
헐렁하고 휑하게 들려오는 바람소리 뿐

밤이 무섭다
생각하면 할수록 초라하고 작아지는 잠들지 못한 잠의 전리품들
유혹이 할퀸 자국 지워지지 않는 잿빛 나날들
뒤척이다 아침이 오면 원색그림자 밤을 빼앗고 있었다.

잃어버린 시간
- 불면不眠 · 2

세상 일 감추려 어둠으로 날려 보낸
침묵의 시간이 쌓여 폭발하는 밤
꾸겨진 자존심 시간을 좇고
포식하듯 잠을 먹고 들춰내고 있다

가정의 기둥을 뽑고 가족을 고립시켜
미친 듯 발작하며 부셔버린
광란의 세월이 밤 되면 찾아들어
깊은 수렁으로 밀어 넣고 있다

허우적 허우적 생각은 어둠을 채우고
악몽 같은 세월 새기며
왔다 갔다 들락날락 시끄러워
혼잡한 미로 헤쳐 나갈 힘마저 잃은 채
밤새도록 헤매다 아침이면 온몸이 천근이다.

잃어버린 시간

- 불면不眠 · 3

바닷가 오두막에서 홀로 조개를 줍고 쓸쓸히
파도가 되고 조가비 되어 부서지기도하고
어릿한 가슴에 안겨 끝없이 걷기도 하며
어둠속에서 헤아릴 수 없는 모래성을 쌓았다

창문에 비친 불빛 검은 그림자 실루엣 되어
희미하게 떠돌다 베개 밑으로 숨어들고
멀뚱멀뚱 정지되어버린 초점 잃은 눈동자
감아야 하나 떠야 하나 뒹굴다 바로 보면
천장은 흰 백색만 남아
잠을 흡입한 블랙홀 거대한 몸뚱이로
어그적 어그적 정신까지 먹어치우면

새날 잠은 초취한 어둠에 던져진
고귀한 걸개乞丐로 손 내밀고 있다.

자연인이 되던 날

차가운 미소에 감춘 울먹임 우산깃에 스며
가슴 타고 온몸으로 퍼지고
전율처럼 느껴진 속삭임 불같은 노여움
환청인지 빗소리인지 알 수 없는 울먹임
분수 되어 솟구치고 있다

하나 둘 찍힌 자국 천착된 흔적인 듯
쓸고 지나간 자리에 흐르는 물보라가
애처롭게 허무함 그려놓고 가물거린 저편으로
사라지려 할 때 천둥은 번개를 자극하고 있다

쿠르르 쿵
일상에 헐고 바람에 찢긴 가리어진 가련함
비를 피해 발버둥치는 쓰라린 상처에 버물여
모든 걸 씻어버리고 쏟아지는 소리에
자연으로 돌아가는 모습이 흔들리는데

젖은 낙엽

아침 일찍 넥타이 매고
버스정류장까지 걸어 나갔다
아 차 아니지 하고 돌아서
주변공원을 서성거리다
밤새 뒹굴다 젖어버린 낙엽이
뒷굽에 밟혀 떨어지지 않아
툴툴 털어내고 앞을 보니
허무한 바람만 불어 온다

이제 화려한 백수인데
갈 곳이 없다
작은방으로 숨어들듯 들어가
책상 앞에 앉아 창밖을 보니
흰 벽에 붙은 수많은 낙엽은
바람타고 잘도 흩어지는데
뭘 하고 있는 걸까

투명 인간되어 거실 작은방
화장실 한정된 공간 오가며
구인광고 뒤적이다

풀죽은 소리로 어디가?
들리는지 마는지 대답도 없고
한 참후 안방 문 열고 외출하며
당신이 칠칠맞게 낙엽 끌고 왔어
이놈의 이파리는 붙어 떨어질 줄 몰라

주말 아침

시끌벅적한 일주일의 고달픔
알 수 없는 짓눌림에 젖어
나를 찾아 돌아보면
언제나 같은자리 맴돌다
제풀에 꺾여 멍해진
초췌한 모습 그대로다

새의 울음 꽃의 웃음 같이
눈물과 소리를 잃어버린
감각들과 무뎌만 가는 감성을
깨워보지만 잠재된 억눌림
현실 부정하며 자꾸만
마음의 멍으로 남는다

혼자이기에 기억되는
스쳐 지나간 일들
감겼던 타래 풀어
한 올 한 올 옷을 깁듯
기쁨 누리려 하지만
쳇바퀴 돌린 육신은

축 쳐져 느물느물 뼈가 없다

철새와 나는

- 고흥만 간척지에서

겨울지나 봄 오면
한가로운 사계의 변화
찾아와 가슴에 삭듯
현실은 오욕五慾에 젖어
채워지며 버리려 한다.

금방이라도 울어 버릴 것
같은 먹구름
검게 타다 남은 논둑 길
살기 위한 꿈틀거림
연신 멈추지 않는 자맥질
그려지는 모두가
숨바꼭질 하는 것 같다.

너와 나 물 위 나르는 새떼
갈 곳 어디란 말인가
침전된 뿌리마저 뽑아내면
너희들 쉴 곳 어디
허허롭게 떠나는
구름 사이로 희미한 낮달

꺼~어 꺽 신음소리 애절한데

제 2 부

땅벌과 고무신

가을날

읍내 모종 파는 가게에서
배추모종 한 판 무 씨앗 한 봉지
사들고 뒤 밭에서 쇠스랑 찍어가며
고랑을 만들다보면 지렁이와 새가
싸우고 지네와 닭이 싸울 때
까치는 뱁새가 물고 가는 굼벵이
빼앗으러 쫓고 쫓기는 시끄러움이
한적한 빈독골을 울리고 있다

모종은 심고 씨앗은 뿌리고
땀과 목마름 이어져 물이
목과 흙으로 넘나들며
갈증이 바람에 부딪칠 때
낮은 내일의 김칫거리와 온갖
흙속의 생명체를 키워 내겠지

나른한 몸뚱이 벽에 의지하고
앞을 바라보니 서쪽 노을이 물들어
낙엽처럼 떨어져 갈 곳을 잃고
서성이며 어둠을 기다리고 있다

불 켜기를 잊은 채
눈동자마저 흐릿해질 즈음

어둠은 반딧불을 낳아 너울너울
춤추며 빈독골을 배회하고
이곳저곳에 흩어진 어둠의 씨앗들이
어디에 있나 깜박깜박 잊힌 얼굴들
개울가 둔벙 저수지가 나뭇가지에서
숨바꼭질 하는지 모를 일이다

밤과 낮과 밤은 하루인데

길

뒷산 솔대방에 올라 눈 덮인 산천을 둘러보니
변함없는 자연은 덕지덕지 꿰맨 흰 적삼 여미고
빛바랜 정신 품에 안고 어릴적 얘기를 들려주듯
여기저기 파편처럼 흩어진 잊어버린 추억들이
불쑥불쑥 튀어나와 눈길 머물게 한다

건너 큰골 그 옆 가물거린 월악산 아 ~ 저기는 복호산
어느덧 입가엔 미소가 스며 잊고 지나간 시간 돌려놓고
다시 그 옆 말 산 저 봉우리 이름은 생각이 안 난다
그 옆 독새골 살짝 돌면 성직골 휘~엥 돌아 썩박골까지
저기보고 뭐랬더라 맞아 진지골 저기 저 ~ 어 고개
학교 가다 애꿎은 할아버지(묘)등에 올라 전쟁놀이 하던 곳
그런데 이름을 잊어버렸네.
제자리를 맴 돌다 눅눅해진 풀잎 사이로 녹아내린 눈이
발바닥에 파고들어 물기를 느낄 즘 쌍정재 향해
실뱀처럼 놓인 오솔길 걷노라니 살랑이는 바람 사이로
솔 향이 반가운 듯 코끝 스치고 지나간다.

어 ` 쌍정재는 간 곳 없고
그 곳엔 길게 늘어진 맥 빠진 아나콘다가

검은 폐유 뒤집어 쓰고 재를 깎아 먹다
배탈 난 흉측한 몰골로 이렇게 만든
인간들을 향해 입을 벌리고 있다

우리가 함께할 수 있는 길은 없을까
포식자의 오만함 발끝으로 느끼며
눈 위를 걷노라니 후미진 한 곳엔
산토끼 사체가 널브러져
죽을 때의 고통 남기려는 듯 흩어진 부산물
핏빛에 버무려 주변은 애달픔만 쌓인다
뽀드득 하며 찍히는 발자국 소리가 힘없는
짐승들의 분노되어 촘촘히 상처 남겨놓고
마을 어귀에 들어서니 왠지 낯설고 답답하다
조금의 편리함이 자연을 죽이고 숨통을
조여 과연 무엇을 얻으려 하는 걸까

인간은 떠나고 황폐화된 자연에서 무엇을 느끼고
가꾸란 말인가. 위에서 보는 이 땅은 변함없이 자리를
지키고 있는데 아래는 스스로 만든 상처로 헐떡이며
쪼개고 갈라진 몸뚱이 위에 멍든 정서까지 얹어
아나콘다 아가리에 넣고 소화되길 기다려야 하는지
이골저골 뛰어 놀던 그 시절 아련함이 뇌리에서
사라지기도 전에 빠르게 달려오는 자동차가

빵 빵 거리며 품 안의 기억 앗아 버린다.

눈꽃이 터뜨린 홀씨

평평 쏟아지는 눈송이를 바라보며
며칠 전 누이와 친구와 함께 홀씨 날리며
터뜨린 씨방이 학술제와 시대의 아픔과
보성 농민 백남기 선생 쾌유 촛불집회로
이끌어 이동하며 함께 나누고 찾던
각각의 씨앗들이 몽땅 그려진 채
겨울을 나고 있다.

현실참여에 무뎌가는 자신을 다잡고
거꾸로 가는 위정자들의 정치놀음
역겨워 눈을 감고 어릴 적 뛰어 놀던
연등리 학교로 가 본다
밤공부하며 잠들던 그때로 피어나
눈꽃이 터뜨린 홀씨가 되어
하얗게 핀 나무위에 내려 앉아
시린 몸 녹이고 있다

지난일은 아픔 보다 아련함이 많은 걸까
어릴 적 찾던 해질녘 방죽 붉은 노을과
용오름 물기둥 바라보며 심호흡하고

후후 바람에 날리면 홀씨 훨훨 날아
온 누리에 퍼져 한샌도 난포불 위
빼갱이도 하얀 눈 위 발자국처럼
꾹꾹 찍혀 밤을 물들이고 있다.

문턱

얼마 만인가
늘 지나치며 잊고 지낸
시간 붙잡듯 오늘 그렇게
우리는 만나 과역 시장입구
양순네 고기집을 들렀다
삼겹살에 소주잔 기울며
지난 세월 되돌려놓고 도란도란
얘기꽃 피우다 이제 생일이
안주되어 묻다보니 어쩜
호적상 출생일이 너 나 할 것 없이
과역장날처럼 오일 단위로 되었음을
알고 웃었지 장날 일보러 나온 사람이
대신 출생신고도 하고 그러다보니
조카와 삼촌 형과 아우가 출생일
이름 바뀌어도 함께 잘살아 왔는데
이제는 그런 여유마저 빼앗아 버린 세월
주름진 얼굴과 반백이 된 머리를
쓸며 각자 현실로 돌아가야 했다

- 2015년 5월 8일 양순네는 땅은 그대로인데 주인도 이름도 건물도 바뀐 다른 분위기이었다.

밤바다

바다에 떨어진 별빛 쓸어 담아
한입 삼키면 쌓였던 그리움
하얗게 입 밖으로 토해지고
멀리서 깜박이는 가물거림
보고픈 유형에 잡혀
몸서리치고 있다

뻥 하게 뚫린 허전함
고독이라 묻어 두고 싶지만
불어오는 삭풍 견딜 수 없어
물결 위에 띄우면 하얗게 일렁이는
쓸쓸함 혼자임을 확인하고 돌아설 때
불빛 사이로 흐르던 사연
눈물로 변화고 있으니

어둠 내리고 여신이 유혹하면
잊어버린 기억 저편 흐느끼는 간절함
목청 돋우지만
소리는 초췌한 육신에 엉겨
철석거린 파도소리 보다 작게

밤바다에 희석 돼 별빛따라 사라지는데

복수초福壽草

- 흘린 눈물 되짚으며

유난히 추위를 태우려 하는 누이야
얼음새 꽃 핀 가슴팍이 이다지 따스할까
시간이 흐를수록 강열하게 솟구치는
여울가에 서면 홍건하게 고인 꽃물
전신마비 시켜놓고 울먹울먹 되짚어
머물던 곳 찾아 걷고
세파에 씻기운 닫힌 마음 활짝 열어
눈물 한 방울 떨궈 놓고 따스함 녹여보련다

누이야 너도 기억하고 있지
이 땅의 옛이야기 아름답고
내밀한 사연들 간직한 용물소를

꿈꾸며 노래하던 학창시절 늘 곁에는
자연의 손길과 입맞춤이 어린이에서
청춘을 알게 한 여고시절
사랑 얘기 들려주고 들어주며
나누었던 이 곳의 정취를

누이야 너도 느끼고 있지

이 땅의 기운 받아 힘차게 날아오를
내일이 아름답다는 걸

운룡에 머물며 떠올린 환희가
맺힌 체증 내려주며 후련함 느낄 때
용바위에 몰려든 구름 띠가
복수초를 태우고 누이로 피어남을

봄이 오는 소리

찌~지 쿵 쾅 아~
저수지가 울고 있다
온갖 사연 끌어안고
포근히 감싸주던 집앞
저수지가 소리 내어 울고 있다.

살을 에는 매서운 겨울
상처가 깊었는지 울음소리
사방에 흩어져
세상을 깨우고 있다.

추위에 찢기고 할퀸 자국
물결위로 흐르면 울음은
물새들의 날갯짓 소리로 바뀌고
새날 오는 설렘도 잠시
흐름 속에 갇혀 잊어지려는데

어느 겨울날

빈 독이 서리에 희뿌옇게 테를 두르고
휑 덩그레 찬바람 맞고 있다
온기가 사라진 매서움인가
이 땅의 아픔인가 젊음이 사라진
고즈넉한 골짜기에
버려진 빈 독만 뒹굴고

채워지지 않은 양식 죽도록 지어도
품삯도 안되고 몸부림치며 가꾼 곡식
힘없이 무너져 깨진 독 속의 물처럼
허망하게 쏟아지고 있다

곡간 깊숙이 묻어 둔 찰진 마음마저
빼앗아 가버린 슬픈 현실
망연자실 비틀거린 걸음걸이 곧추세워
내 땅 밟아보지만 디딘 발자국은
허공 향해 내딛어 뒤틀리고 있으니

예림이의 기도

비워둔 집수리가 끝난 여름
예림이 남매 찾아왔다
주변 나비 잠자리 거미 꽃
서로가 엉켜 뜯기고 잡히고
잡아가며 시끌벅적한
웃음과 울음이
곤줄박이 직박구리에 놀라
까치가 도망가면
지렁이 도롱뇽 꼼지락
꼼지락 풀숲으로 사라진다

옆집 지날 때면 마루에 앉아
눈인사 건네던 할머니
언제부터인지 보이질 않아
이웃에 여쭤보니 자식 찾아와
요양원 모셨다고 한다

나비 쫓아 풀밭에서 모기 만나
긁어 붉힌 자국
계피 넣어 담근 소주 발라주고

옆집 장독대에 핀 봉숭아꽃잎 따다
손가락에 물들이며 옛날 얘기 들려주던 밤
두 손 가슴에 모으고 잠든 예림이
꿈속에서 무얼 기도하기에 이렇게 평온할까

치마폭에 새긴 사연

오 ~ 메 엄니
어디서 나왔당가
여덟 폭 치마 꿰매며
눈물짓던 당신이
요렇게 보고 잡픈지

세월 흘러 엄니 나이가 된
이제사 알 것 같은디
연분홍 치마만 덩그렇게 남아
가슴 시리도록 그리워
넓게 펼친 치마폭에 뒹굴고 있당가

우쩌야 쓰까
백합 색깔 드레스 만지작거리며
내 새끼 보내야 하는디
왜 자꾸 생각이나 눈물 흐른 지
품에 앤겨 쌔근히 잠들고 잡픈디

모두 다 세월이 먹어 버리고
치마폭에 새겨진 수처럼 하염없이

엄니가 어무이가 스치는지 몰근네

정월 열 나흔날

성직골 바라보며 잠든
당신 곁에 앉아 소주 부어놓고
아려오는 기억 울컥 내뱉고
애꿎은 풀 뽑아 입에 물고 누워본다

아주 오래 전 오늘 당신은 호덕으로
시집와 올망졸망 자식 낳고 살다 그렇게
흙으로 돌아갔지 그 중 한 녀석이 열엿샛날
세상에 나왔으니 어찌 잊을 수 있겠는지
반백 된 모습으로 당신에게 안겨 젖을 빨듯
소주잔 기울며 남긴 한을 삼킨다

쌍정재 어릴 적 무던히도 오르랑 내리랑 했지
산골 헤매고 다닐 때 기억은
소 뜯기로 나온 아이들이 그렇게 부러웠고
조카 업고 다녀야 했던 꼬맹이는 늘 불만이었지
이내 생각을 접고 아련한 추억 속에 물든
발자취 찾아 산을 둘러보니 솥대방 정상 중앙에
있던 소나무 사라진 지 오래 그 아래 씨앗이 움터
녀석들이 자라 형태를 바꿔버렸다

큰골 홍주네 텅 빈집에 개 짖는 소리 들려오고
저 넘어 학교 등은 폐교로 스산함 마저 느껴져
고개를 돌려 옆쪽을 보니 검푸른 독대 백일 앞바다는
여전히 통큰 가슴 열어놓고 언제든 안기도록 품을 내주고 있다

거기 누구 없소

밤 새워 울다 지친 개구리가
잠들 시간
눈비비고 일어나 빛바래기 되어
하루 시작한다
마을 안 텃밭에는 풋마늘이 가려운 듯
쫑긋이 향기 뿜어내고
무꽃은 나비 유혹하며 방실 거린다
허~어 난 누굴 그리워하는 걸까
뜻 모를 허전함 골목길 건노라면
강아지가 등 굽은 할머니
품에 안겨 재롱부리고
한적한 고요가 시리도록 엄습할 때
비릿한 바닷바람 손짓하며 떠나고
육신은 현세에 맡긴 일부 일뿐
오~호
거기 누구 없소
인간의 부대낌이 그리워지는 이 땅에
꽃을 가꿀 그 누구 말이오.

별 하나

어둑한 밤
성호를 긋다
머리위로 떨어진 별똥

샛길에 뒹굴다
쌓인 낙엽
이곳엔 삶이 있고
가족이 있다

하늘 땅 별 땅
발아래 별 있고
별 위에 내가 있다.

엘리베이터 안에서

좁은 공간 무심코 앞을 보니
낯선 중년의 뒷모습 거울에 비친다
누군데 저렇게 머리가 빠졌을까
잠깐 응시하다 섬뜩한 기분으로
자세히 바라보니 이건 누구인가
빛바랜 사진 속에서 찾을 수 있는
오래 전 아버지의 모습 아닌가

앞만 보고 걸어 온 세월
단 한 번도 생각지 못한 모습
아침이면 거울 앞에서 빗질하고
지나쳐버린 내 외모가
언제부터 이렇게 닮아있는 건지
짧은 순간 반백이 된
나에게 당혹감 느낀다

뒤돌아 볼 여유 없이
생활에 찌든 세월의 자국들
쌓이고 쌓여 얼굴에 표현되고
긴장된 하루하루는 보지 못한

뒷모습처럼 하나둘 머리에
내려앉아 닮은꼴로 만들었는지
부정하고 싶어도 부정할 수 없는
모습에 놀라움 감출 수 없으니

누야

목이 컬컬해 생강차 타서 들고
창문을 여니 봄기운 알싸하게 스치고
한 모금 넘기니 목이 따끈하다

어둠이 내린 창밖은 잠못 이룬
눈빛으로 깜박깜박 흔들며 거꾸로
매달린 인등처럼 뒤척이겠지

향기는 누야를 그리고
생강은 톡톡 씹혀 쌉싸름하게 터져
짓궂게 건드러진 몸을 달구고 있다

한참을 떠돌다 빈 컵을 보니
얼굴은 상기되고 봄바람 어느새
누야를 대려다 놓고 가벼렸다

어둠속에서 흐릿한 미소로
말없이 바라보던 누야가
누야가 훅 - 왔다가
사라져 갈 때 생강차보다

진한 향으로 상처를 입히고 있다

아바타

가슴으로 울고 있는
누이의 귓볼이 딸랑 거린다
아우성치는 소리 궤적을 그리며
쿵 쾡 거리는데 가녀린 어깨 감추려
세상에 널브러진 머릿결 쓸어내렸다

깊이 숨겨둔 비밀같은 현실을
후련하게 토해내며 꾹꾹 눌러둔
겉치레 남김없이 벗어 버리려
망설이다 잡소리에 흘리듯 내려놓고
강한 척 웃어 보지만 따뜻한 손끝
차갑게 얼어있다

소름 돋듯 떨려오는 피 튀기는 얘기
버리고 싶은 오싹한 비틀거림
꼼짝할 수 없는 무력감 무엇이 왜
짜릿짜릿 느껴지는 한숨 소리
나누어 짊어진 삶의 무게가
돌처럼 굳어져 옥조여 오는 토악질
후련하게 뱉어버린 또 하나의 네가 되리니

하얀 밤에

바람 따라 떠돌다 찾아든 밤
밖에는 쉴 새 없이 눈 내리고
언덕 가로수 알몸으로 버티며
소리 없이 다가오는 눈송이
받아 안고 비벼대고 있다

빌딩숲과 어둠 지우려 하얗게 덧칠하는 시간
윙 ~ 윙 구름 부른 소리가 찬바람과 쓸쓸함이
휩쓴 고뻘 잡으러 길을 나선다
뚜벅뚜벅 한산한 거리 걷다 앞을 보면
화려한 불빛 눈빛에 투영돼
원색으로 변해 윙 ~앵 바람과 부딪혀
괴성을 지르며 스산함 철렁이게 한다.

약속시간 지나고 기다림은 담담한
막연함이 드리워지며
은근 혹시 엄습하는 궁금함
흘러나온 음악 소리마저
듣지 못할 즈음
창밖 목도리로 얼굴 감싸고

걸어오는 기쁨이 있었다.

순간 미소를 감추고 우리는 걸었다
시공간을 오가며 마음을 나누고
서로의 세상을 꿈꾸며
얼어붙은 마음 녹이고 있다
어릴적 가졌던 애틋함 돌아서면
생각나는 그리움에 대한 연민
눈은 내리고 둘만의 세상은
고뿔도 차가운 눈보라도 빙판길
빌빌거리며 역행하는 운전자의 애달픔도
하얀 밤을 바꿀 수는 없었다.

끈을 붙잡고

칠십년 함께 한 부부가
밭일 나와 여름 땡볕에서
지심을 매는데 뭔가 이상하다

앞선 할매는 잡풀을 매고
뒤따른 하내는 감재 줄기를 뽑는다
이러다 사단이 났다

이 하나씨 어쩌야 쓰까
그걸 뽑으면 어쩔 것이여
하지마러 얼른 매고 집에 가잖께

어 이 그라지 말고 담배 하나 주소
배고픈디 밥 묵자 사탕하나 사주라
소주 있제 고기국 허고 먹고 잡다

같이 허리춤에 끈을 매고 있던
하내는 줄을 요리저리 당기며
할매께 생각나는 대로 보채고 있다

어혓 일 좀하게 쫌 가만이 있으랑께
정신 줄 좀 챙기고 거기 카만 있어
이때가 일 끝내고 맛난 것 줄 텐께

오락가락하는 하내를 할매는
오늘도 얼리고 달래며 묶인 끈
놓지 않으려 토닥이고 있다.

눈물

눈꽃

애잔한 그리움이 가득
온몸에 엄습한 밤
눈도 눈물 되고 비도 눈물 되어
소리 없이 험한 세상 씻어 내는
상처들 하나 둘 가슴 헤집는다.

눈꽃

겨울비

눈물

소복이 새겨놓은
아스레한 보고픔이
서럽도록 시린
세월의 강 따라
구름이 되고 눈물 돼
한 톨 내리다 눈꽃 되고

빗물이 되어 짭짜름한 맛
자꾸 입술로 흐르고
호사한 길 걷고 있다

눈

눈꽃

진눈깨비 그리고 ~

망중한

이른 낮에
담장 너머 어 ~이 동상 얼능와 봐
뭔 일 났다요 응 아니어 막걸리 한잔하자고

장맛비 째질째질 오는 날
옆집 혼자 사는 성님이
닭알 찌짐이 놓고 기다려
주거니 받거니 빗소리에
장단 맞춘 목 넘긴 소리가
컬컬한 마음 흘려보내고

날품 파는 성님은 비오는 날이
공치는 날
소금장시와 우산장시 우화처럼
비를 원망하며 홍얼홍얼 중얼중얼
집을 짓다 부셨다 먼저 간 집사람
만나 웃었다 울었다
찌짐이는 동이나고 신무시짐치에
입가심하며
다시래기인지 육자배기인지

젓가락 장단 가물가물 뒤로하고

집에 돌아와 텃밭 소올 한 주먹
들깨 이파리 한 움큼 뜨더다가
부철이 부쳐 성님 몇장 갖다 주고
말레에 앉아 담가노운 매실주 놓고
홀짝 호 올 짝 마시다 보니
잔 속 세상 가락이 흐르고
몽롱한 기분 어느 기방 옴팡에서
이매창 황진이 누우님 노랫 소리가
귓가에 맴돌아 막 한자아리 뽀불라는디

모실갔다온 이녁이

어~오머 어째야 쓰까잉
책에 술 어끄러진줄도 모르고
젓그락 뚜드는 이양반을.

미운 오리새끼

-할머니 장례식 날

미운오리새끼처럼 웅크리고 있는
가녀린 백조는 슬픔을 모른 채
새벽 기차를 탔다
문득 아련히 떠오른 지난날은
몸서리치도록 기억하기 싫은 일들로
부리로 발톱으로 쪼고 할퀴어
몸과 마음 상처투성인 채
백조는 그렇게 오늘도 그 곳을 향해
창밖 풍경에 눈길 고정 시키고
스치는 여명의 빛은 어둠을 헤매던
병아리의 끔벅거린 눈망울에 젖어있다

언제나 혼자였고 함께했던 건
외로움 뿐 태어난 것이
백조인 것이 자신의 탓인 양
모두는 외면하고 동정하고 눈총하고
눈물까지 마르게 했던 나날들
경주에서 부산 돌아 버스 타고 남도 땅으로
가는 동안 먹먹한 기분은 현실보다
과거에 집착한 원망들이 멀게만

느끼게 하는데 갈까 말까 망설임과
확인하고 싶은 충동이 갈등으로 차올랐다

그렇게 힘들고 아팠던 시간을 버리고자
날갯짓하며 기억을 더듬었던 이 땅에 대한 미련
왜 왜 하며 던진 질문과 답변은 늘 혼자의 몫이었지
낮은 지나고 어둠은 하루의 끝을 먹고 둥지를 찾아
덤덤한 기분으로 찾아왔다
애써 밝은 눈으로 인사하고 큰소리로 앞을 향해
날아가고 있음을 알리고 싶었다
원망도 마음의 상처도 하늘로 떠난 할머니께 드리고
이제 혼자가 아님을 주변에서부터 찾아 노래하련다.
찬란한 날개 펄럭이며 세상을 품에 안고
훨훨 날아 눈물 펑펑 쏟아 보련다
참는 것 보다 나눌 이웃과
품에 안아줄 형제자매가 있기에

은진이가 훔친 눈가는 반짝 반짝 보석이 빛났다.

비누

어미는 비누거품
살붙이에 닿으면
무지개였고 기쁨이었다

어미는 비누향기
언제나 같은 내음 풍겨 주며
마음을 편안케 한 쉼터이었다

비누는 어미의 살점
찢기는 아픔 자식을 키웠고
희생은 세상을 바로 세웠다

어미는 비누가 되어
자신을 녹여 닦고 씻기며
그렇게 돌아 돌아서 갔다.

추억하는 것들

머리에서 발끝까지 전율 느끼게 하는
잊고 지낸 날들
문득 살아온 세월 속에 묻혀버린 기억
허물 벗고 시리도록 푸른빛 햇살에
비추면 아릿아릿 젖어든다

가물가물 떠오르는 기억들
빛으로 촘촘히 떠오르고
뇌리에 그려지는 그림들 마음에 채워
간절함 온몸으로 빨아들이면
입가 엷은 미소 홀연히 내려앉아
잔주름 자글자글 일고 있다

땅벌과 검정 고무신

오랜만에 고향 집에 들어서니
대문 옆 우물가에서 무언가 씻고 있던
형수님이 우렁이 회무침에 막걸리
가져와 한 사발 얻어먹고
아래 둔병 거리를 지나 개맷동
오 센 집 쪽으로 걷다 검은 고무신
한 짝 발견하고 무심코 바라보니
주변은 작은 땅벌이 웅성거리고 있다
마치 고무신을 지키는 파수꾼처럼

언제였을까 고무신에 책보 울러 매고
삐비 뽑아 먹다 땅벌에 쏘여 신발 벗어 던지고
줄행랑 쳤던 시절 왜 그렇게 아팠는지
맨발로 집에 들어가는 날이면 엄마의 호통에
잃어버린 신발 찾아 한 바탕 벌과 푸닥거리 하던 시절
검정고무신을 벌에게서 뺏기 위해 온갖 수단을 동원했지
불을 붙여 쫓아 보다 그것도 안 되면 벌구멍에 불을 놓고
못살게 굴었던 아련함도 이젠 대물림 되지 않는

황량함이 발길 멎게 하고 천적없는 이 땅의 스산함이
국적없는 생명을 낳고 있다

벌과 나비 여기저기 이 땅을 물들인 소담스러움도
텃밭에 옹기종기 함께 가꿔야 할 우리의 것도
농약이란 이름으로 목숨을 앗아가니
살아가는 생명은 어떤 모습으로 다시 태어날까
스스로 척박한 땅과 무덤을 만들고 있는 이 땅의 현실이
검정 고무신 앞에 놓고 숨바꼭질 하는 땅벌의 여유와
지나온 날을 기억해 낸 순간의 갈등이 자꾸만 아프게
느껴진다.

제3부

월령리 포구

절규

흐르지 않으러 손발이 터지고
찢겨 나가도 놓지 않았다

살기위해 제 살 먹고 햇빛마시며
온몸에 가시 달고 몸부림쳤다

백년 이백년 삼백년 이젠 이 땅은
세월 먹고 뿌리 내린 처절한 절규가
녹색 평온 찾아 노래하고 있다.

\- 제주 선인장마을 월령에서

코지엔

옷깃을 여미는 추운 겨울 바닷가에
무슨 사연 있기에 홀로 서 있을까
세상에 던질 돌멩이마저 얼어붙어
어석어석 부셔지는데

그렁그렁한 눈물도 얼어 가슴 찢는
비수가 되었는데

하염없이 바라보는 여인의 마음도
얼고 얼어 바위 돌 되어
굳어버렸는데

포구에는 주낙 준비하는 어부의
손길도 얼어붙어 호호 연신 입김
마저 날리는데

바람결에 휘날리는 머리카락 사이로
흰 눈송이 내려 굳어가는 정신에게
가여움만 더하는데

월령 선인장 길

태양을 먹으면 어둠이 내리고 주변은
수 많은 별과 촘촘히 박힌 대크의 전구
오작교를 걷는 기분이 이럴까

만남의 기쁨일까 조화의 눈부심일까
칠월칠석날도 아니고 견우와 직녀가
만나는 것도 아닌데

희뿌연 안개 속에서 화려한 불빛 받으며
연인의 포옹이 한없는 질투 느끼게 한 밤
까마귀와 까치도 없는데

다리는 이어져 진 녹 주변과 검푸른 바다
별빛이 내려 앉아 극치를 이루고
연인들의 소곤거림 끝없이 들려오는데.

나찰羅刹

검푸른 파도가 목 놓아 부르면
초췌한 육신 갯가로 향하고
주섬주섬 내돌린 문드러진
가슴이 쏴 ~ 하게
냉기를 뿜는다.

바르르 떨린 몸서리 빗장 열고
찢긴 세월 덧댄 마음 누더기로 변해
세상의 옷 걸쳐 입고 밖을 나서면
깁고 찢긴 아픔이 욱신거린다.

건너 보이는 화려한 불빛
뒤돌아서면 어둠이 숨통 조여도
헐떡이며 바동거린 물위의 생명 보다
물고 뜯는 지상의 광경이 추악하구나.

가을이면

그녀를 그리워 한 것도
아닌데 어느 새 내 속에
들어와 있다

하늘에 뜬 구름처럼
가을이면
그대의 전부가 가슴에
뭉클 박힐 때가 있고
생각만 해도 나도 모르게
눈물이 고일 때가 있다

맑고 아름답게 치장한 가을이면
세상에서 가장 슬픈 표정으로
무작정 걷다 지친 몸 기댈
어깨 내어 준 그대 곁에 앉아
휘날리는 바람소리 듣고 싶다

사랑이 아니더라도
가을이면
곁에 누워 떠가는 구름 보며

뒹구는 낙엽 소리 듣고 싶다

이내 조금만 건드려도
우수수 떨어져 흩어질지라도

물가에 앉아

한 잔의 커피와 선인장 주스
시켜 놓고 각기 다른 시선으로
창 넘어 보이는
수평선 위로 못 다한 얘기
띄워 본다.

자리에 앉아 창밖을 바라보며
저마다의 바다에
시를 적고 미소 짓는 모습은
한 폭의 그림이었던가 예쁜 자태
온화한 품성 현실을 벗는 여유로움

모두는 그렇게 시인되고 연인이 되어
황혼이 물든 바다에 빠져 사연들을
새겨놓고 빨알간 태양 가슴에 안고
쪽빛 물결 푸른 땅거미 등 떠밀려
떠나감을 아쉬워 한다.

- 월령리 공연장 옆 카페에서

가시

저마다 크고 작은 가시를 품고
찌르고 스스로 찔리며 어우러져
생활의 활력 얻는다.

찔리면 아파서 견딜 수 없지만
찔림의 연속은 시간을 재우고
아름다운 상처로 피어나는 꽃은
새롭게 돋은
기쁨의 전리품으로 안위를 찾는다.

상처로 인해 향기가 나고
상처가 있기에 진한 향기가 있듯
보호하기위해 냄새는 여린 마음 파고들며
고래고래 소리 질러 나약함 감추려 한다

날카로운 가시가 모나지 않은
이슬 달고 있듯
모나지 않은 것을 찌를 수 없어
바람으로 날려 보지만 그냥 그렇게 자기모습
그대로 남아있음을 본다.

내 안에 있는 가시가 내게 상처를 주는지도 모르기에

백년초에 맺힌 사연 · 1

월령 돌담 사이 뿌리내린
손바닥 선인장은 알까
반세기 숨죽여 흐느낀
목안의 응어리

소리없이 삭인 심연의 나날
지나는 행인의 손에 들린
노오란 꽃잎은 알까?

남 몰래 토하듯 무명천에
감춰버린 여인의 모습을

질긴 생명줄 잇고 터 잡은
선인장의 역사는 한 맺힌
여인의 절절한 서럼 알까

쇠소리 나는 진저리
온몸에 떠안고 훨~훨
날아간 진아영을

* 무명천할머니(진아영): 제주도 북군 한경면 판포리에서 태어나 그곳에서 서른다섯까지 살다가 4.3항쟁으로 토벌대가 쏜 총에 턱을 잃고 무명천으로 가리고 자손없이 홀로 생활함. 부상당한 후 친척이 있는 한림읍 월령리에서 90세까지 한 많은 생을 살다 영면함. 이에 할머니 기일인 9월 8일 전후에 추모제를 지내고 있음.
* 2012년 추모문화제 시낭송 작.

백년초에 맺힌 사연 · 3

나약함 감추려 휘두른
가시가 온몸 찔러
바람에 나부 낀
독기 품은 슬픔
여인의 한인가
떡잎에 가시 돋고

순박한 심성 세상 사랑하여
아름답게 가꿔 볼 기회도 없이
세파에 몸 맡겨 뒹굴다
덧없이 외로움만 찌들었네

말도 잊고 남몰래 삼킨 눈물
얼굴마저 잃어버린 질곡의 시간
아 ~ 세상 섧도록 맺힌 이슬
하나 둘 뚝 뚝 이 땅에 스밀 때
환생한 여인이 빨갛게 맺혔다.

훠 ~이

- 생가 굴뚝에 새겨진 새를 보며

언제 부터일까
온기없는 굴뚝
연기 멎은 그 곳에
날지 못한 새 한 마리
천근만근 무게 달고
웅크리고 있다

부리도 날개도 발톱도
헤지고 깨져 망신창이로
누굴 기다리는지
우두커니 바라만 보고
의지 할 곳 없는 굴뚝에서

날고 싶은데 날아가야 하는데
멍든 무게 발목 잡고 후벼 판
가슴의 상처 아물지 못해
날개 접고 앉아만 있다

훠 ~이

월령리 포구

4.3 역사의 질곡 뼛속 깊이
내려앉아 제주를 할퀼 때
휘몰아친 아수라 판포 훑고
그곳 가녀린 한 여인
어두운 그늘 속으로 잠식 되었네

말도 행동도 표현의 자유도 잊은
통한의 늪에서 허우적 거려야했던
육십 여년 역사의 상처인가
여인의 눈물인가
해변엔 씻기지 못한 자국
희끗 희끗 어른거린다.

온몸으로 관통해온 아픔의 역사보다
숨죽이며 살아온 처절한 여인의 모습
오랜 세월 흰 무명천 가리고 살아야했던
응집된 응어리 풀어줄 이 땅의 연인이여

아는 듯 모르는 듯
흘러 보낸 현대사의 혼란

삶의 최소한의 기쁨도
앗아버린 원통함이여
떠난 지 아홉 해가 된 지금도
윙 윙 소리 내어 포구를 울리는
바람이 되어 파도를 움직이고 있다.

해녀 콩

한림 항 바라보며 걷다보면
모래가 뭉쳐 파도에 쓸린 그곳엔
질긴 명줄 이어가는 해녀 콩 있었다.

물질하는 여인네 애환 가득 담고
슬프게 피어 여린 가슴 다독여 주었지
새 생명 몸에 담고 숨비소리 휘졌을 때면
어지럽게 뒤틀린 들숨이 살아 있음이니
날숨과 들숨의 교차점엔 저승길 있다기에
날콩 먹고 바다 속 들락이다 용왕 만나
날숨 쉬었지.

물질하며 허리에 찬 납덩이 무게는
육신을 누르고 바다 속이 사는 길이라
속엣것 지우려 한 주먹 입에 넣고 삼킬까 말까
망설이는 날이면 노을빛 더욱 붉게 물들어 있었지

미련

막연히 기다린다는 건
죽음 보다 더 참혹한
상처가 되어 슬프게 한다

소리없이 흔적도 없이 잊었건만
몇 번의 헤어짐이 마음을 헤집고
가슴으로 토해진 정신적 토악질로
배가 아프고 눈물이 난다

오지 않은 기다림의 밤을 새워 가며
눈물을 감추고 깡 소주 들이키는
심정으로 태연히 창밖을 보면
달무리에 감춘 초라함 문틈에 스며 있다.

별을 헤어보았는가

앞만 보고 걸어온 생활의 단조로움
견디기 힘든 무력감 찾아들 때
하늘 올려다보면 수많은 별들
수많은 사연 각기 다른 모습 새겨
묻어놓고 주변 둘러보면 반짝 반짝
멀리서 은하수 건너 유성 날아와
뜨겁게 태우며 사라진다.

별을 헤어보았는가

하늘에서 보이는 마을 전경들을
빨랫줄에 걸려있는 울긋불긋 아이 옷
손 때 묻은 돌담 골목길 밭일하는 이웃
바다에 떠있는 어부들의 중선 배
선인장이 모여 있는 해변 인위적인
가로등 대크 식당 카페 민박 공동작업장

별을 헤어보았는가

생활의 기쁨 찾아 반짝이는 별들의 향연을

몽글몽글 흘린 땀방울 오색찬란한 별이 되고
빛에 눌린 별똥별 사라진 불신과 반목과 심술
어둠속에서 별을 헤면 반짝이며 다가오고
마음 열면 맑고 밝은 별 반짝이는데.

별을 헤어보았는가

원룡포元龍浦

-돌

밤 새 용이 춤 췄나
아니면 요술 부렸나
개창에 버리고
돌담에 던져 버린
선장이 손바닥
까불거려 인사를 한다.

그놈 참 질긴 놈일세
앞쪽 바다 주은여 모래는
누가 펴다 놓았는고.
하루에 한 번
나왔다 들어갔다
그것 참 이상도 하지

온달 반달 눈썹달 손톱달
바다에 뜬 달은
용이 뛰노는 천상일까
놓쳐버린 보석일까
신비를 가득 안고
오늘도 기다리고 있으니

품에 안겨

- 한라산 등반기 2015.04.24

일곱 명 일탈을 꿈꾸며 동천에 모여
함께한 세월 나눠 먹으며 허기진 정신
채울 때 시간은 멈춰 있었다
다음 날 성판악 숲길 여인이 내어준 젖 향
맡으며 목마름을 적신 물 한 모금 어릴 적
엄마 품에 안겨 빨던 젖이었고
울퉁불퉁 돌길 오를 때 욕망에 몸부림치며
헐떡거리던 고행의 시간이었지

여인이여 그대는 일찍이 탐욕과 번민의
불덩이를 스스로 토해내지 않았던가
한 순간 한 순간 걷고 또 걷다 하늘을 보니
땀과 구름에 젖은 온몸 빼얼겋게 달아올라
여인이 몰아 쉰 입김 스치면 어느 새 해맑은
웃음꽃 피었고 이만 걸음 하나하나 찍어놓은
그 자리는 온화하게 품어준 여인의 향기였다

혈망봉에서 성록聖鹿이 마시다 남긴
물 바라보며
하얗게 누워 은하수 움켜잡은 흰 사슴 몇 마리가

눈이다 아니다 시멘트로 만든 인간의 흉터다
서로 대화에 끼어들어 우겨가며 여인이 뿜어내는
봄내 땀에 젖으며 사월의 안주는 우릴 풍성케 했고
머리는 맑게 비워지고 있었다
또 다시 이만 걸음 현실로 돌아가는 그 길
여인은 두 팔 벌려 안아 주었고 뜨거운 입맞춤에
환하게 웃어 주었지

제4부

소리는 울음을 머금고

넋두리

믿음과 신뢰와 존중이
사라진 아수라에서
정신과 육신 던져 놓고
피폐한 몰골 드러다 본다

갈기갈기 찢긴 마음
아픔의 산물 되어
경쟁과 치욕 말아먹고
끌어 오른 부아
탐닉케 한다

어루만진 상처 달래면
곪아 터진 부유물 악취로
덮여있고 올곧은 정신
붙들고 세상 향해 외치면
불의는 과거 기억 잊은 채
화려하게 현혹하고 있다.

발열

슬픔과 기쁨 사이가 분노이더냐
분노가 울분으로 토해져
구역질난 세상 밖으로 흘러
생사의 목적까지 바꿔 놓는다

믿음과 신뢰 존경과 선망은
땅바닥에 으깨져 불신이 싹터
상실케 된 자아를 멈추게 한다

충격! 무뎌진 정체성
입만 열면 합리화 시킨
변명과 불성실로 포장하고
현혹하는 현실이 아려온다

본말의 전도가 혀끝에서
침처럼 튀어나와 말라버린
양심까지 삼켜버린 허탈감
불만이 피에 섞여 몸뚱이를
휘감고 세태를 방관한 펜 끝은
떨림의 연속이다

폐선

바닷가 후미진 곳
낡은 배 한 척
간간히 손짓하며
기억으로
외로움 달래지만
한 맺힌 세월
쪽빛물결 유월의 신록
무엇하나 잡히지 않는 뒤안길
땀과 정신이 범벅 돼
바다에 놓고 돌아 설 때면
찾지 못한 그리움 붙들고
산 자의 아픔 파도에 부딪혀
시원함이 허전함 달래려 출렁이고
깜박 깜박 들어갔다 나왔다
묶인 줄 의지한 빈약한 모습은
어제의 풍요소리 삐걱거리는데

찔기미

언제나 반겨준 봉대미골 갯가 찾아
나무 그늘 아래 넋 놓고 앉아
갯바람 맞으며
멍 ~하니 앞을 보니
검푸른 대오 이루고
찔기미떼가 돌진 하고 있다

녀석들의 기세에 밀려 차 몰고
도망치듯 자리 뜨려니
바퀴에 깔려 죽어가는 비명소리가
양심을 찢고
처절하게 널브러진
녀석들의 죽음 앞에
더 이상 움직일 수가 없다

찔기미 바라보니 터전 빼앗아
편리에 동승한 우리네들
소름 오싹 돋는다
갯벌과 모래는 차로에 휩쓸려
멀어지고 죽음으로 항변하는

외침이 폭탄 안고 뛰어든
투사 같아 두려움에 떨며
그 곳을 빠져 나왔다

난독증

철철 흐르는 빗물과 쿵쿵 내려앉은 충격과
되돌릴 수 없는 상처와 찢기고 밟힌 연민으로
누더기가 된 가슴 묻기 위해 눈 감고 귀 막고
미친 듯 후벼 파 놓고 허우적거리며 밤 새웠다

술독에 빠져 앞을 보면 털털 털려버린 믿음과
신뢰가 퍼덕이며 날개짓 하지만 괴상스런 몰골로
눈과 머리 향해 돌진하며 깨지고 찌그러진 흉측한
언어가 칼이 돼 휘두를 때 생긴 조각과 파편
주어들고 몰이배는 난도질 하며 박히던 빠지든
세상에 뿌려놓고 시시덕거린다

죽든 살던 흐르는 빗물 땅속으로 스며들고
배신과불신과유혹과선동과이간과중립을먹고
부풀려진 생각들은 늪으로 빨려들어 발끝에서
손끝 머리끝까지 형체없이 사라졌다 떠오르길
반복하며 싸우고 있을 때 빗소리에 숨어
혀를 날름이며 썩은 악취 음흉함 감추고
느물느물 다가오는데.

바람소리

- 소록도 수탄장愁嘆場에서

얼마나 많은 피눈물 흘렸나
양 갈래 소나무
빼얼건 황토에 맺혀
옹당옹당 핀 이름 모를 꽃이여
오랜 세월 방울방울 삼킨 혈육의
처절함 꽃이 되고 나무가 되어
수탄장 배회하는 넋을 달래려니

가슴 후벼 파듯 툭툭 건드린
발자국에 붉은 먼지 핏물처럼
묻어 있어도 털지 못하고
그날을 달력에 적어 놓고
하루하루 손꼽아
한 달 동안 동그라미 그리며
시작된 보고픔의 연속은
애닯고 시렸으리니

죽음 보다 아픈 고통 참아
만나는 날 기다리며 버텼으리니

서로 안아보지도 못한 눈빛은 언제나 초연히
커 ~어 꺽 속울음 울고 퀭한 눈빛 절룩이는
발걸음 사이사이 빼곡히 쌓인 통곡
눈물 먹고 웃자란 나무 하늘 찌르고
간간이 까마귀 한 마리 원 그리며
애잔한 울음 울 때면 바람 따라 혈육의 온기
느껴야 했던 그날이던가.

탄식이 사라진 자리 혼이 사는지
아직도 에~ 에 엥 울고 있다

*수탄장愁嘆場 :고흥소록도 한센인 부모들과 자녀들은 생이별을 한 채 한 달에 한 번 수탄장에서 만나 혈육의 정을 나누게 한 장소다. 즉 만나고 헤어지며 눈물과 탄식이 하늘을 울렸다고 하여 수탄장이라 하였다고 함.

저승사자

발길 재촉 해 빈독골 집을 찾았다.
문 열고 들어서니 현관엔
앙상한 형체뿐인 매미
주변에 개미가 우글거리고 있다.

얼마나 많은 몸부림과 진저리를 쳤을까
야금야금 파고든 물림의 연속에 기절하길 몇 번
차라리 죽음 앞에 자애로워졌을 매미의 생이
못다한 노래가 흐릿하게 들리는 것 같은 오싹함

바글거린 개미떼 쓸고 닦아내며
엉거주춤 앞을 보니 거미가
토막난 매미 허리 물고
미소 짓는 포식자의 음흉함이
손안에서 짓이겨진다.

이내 주인 잃은 거미줄 걷히고
조금 전 자행된 곳을 보니
물고 물린 자국들이 처절하게
너부러져 손끝에 닦여지고

걸레 자국은 저승사자이련가
사체 사라진 바닥은 고요하기만 하는데

소리는 울음을 머금고

- 여민輿民 이기형선생 3주기를 맞이하며

어둠이 내리는 빈독골
담살이* 새가 소 몰고 가는 소리 흘리면
낮에 듣던 소리는 잦아들고 딸그락 딱 딱
저녁상 차려놓고 둘이 앉아 한 술 뜨고 나면
방에 밀어 넣은 군불 냉갈냄새 스멀스멀
틈새 헤집고 피어올라 감기는 눈꺼풀 끔벅이며
나른한 몸뚱이 벽에 기댄 채 TV 켜고 뉴스를 본다

뭔 놈의 것들은 저렇게 변덕이 심한지
남북협력 개성공단건설폐쇄 대화단절
끊임없는 갈등 유발하는 위정자들
화면에 비친 기름진 쌍판은
딴 나라 애기처럼 나불거려 겉돌고
동네 모두가 발전소 시설 싫다는데
날개 산에 달겠다고 빽빽 우기는
행위자의 파괴가 지빠귀를 울리고
빈독골을 잠못 이루게 하는 밤이 되었다

해방과 분단을 일흔한 해 보내며
평화통일과 역사의 진실을 알리려

몸부림친 수많은 님들이
유성으로 다가와 아름답게 수놓고
밤새 석근 별 되어 깜박이며 비추던
어둠의 골짜기는 빛을 잃고
새벽별 하나 둘 풀죽어 갈 때
부릅뜬 눈 감겨주지 못한 유월의 그날
귀신새* 곡哭소리 그칠 줄 모르고
답답함 섧도록 임 부르는데

*담살이새: 쏙독새.
*귀신새 호랑지빠귀.

무자게 떠운 날

옆집 황소 건너 집 누렁이가 질러댄
소리가 앞 뒷산 울려 쩌렁 쩔쩔
온통 요것들 세상이다
울 밖을 넘든 애기웃음과 울음은
사라지고 가축들 소리로 난장된지 오래

앞마당 목련나무 옹팡진 곳
뱁새는 덩치 큰 새끼가 지 새낀줄 알고
고놈에게만 먹이를 먹이고
연약한 저 새끼는 그놈에게 밀려
집밖으로 떨어져 풀섶 개미먹이 되어있다

무자게 떠운 날

이 땅에 드리운 세력의 불균형을 순리라 할까
반역이라 할까 뱁새는 빼꾸기는 빈독골은 인간은
엉키고 설켜 시대의 바퀴를 돌리고 있는데

물총

후텁지근한 날씨 밖을 나오니
옆 개울가에 물총놀이 하던
대장 녀석이 시~잉 뿅뿅하며
아재 시인아재 사드가 뭐다요
뭔디 그렇게 한방에 잡는다고 하던디
나는 한방에 파리 잠자리도 맞출수있는디
거기 카만있어봐요 잔뜩 물을 채워 여기저기
찔끔찔끔 쏘아 대며 대답을 채근한다

그러게 4년 동안 이 땅의 안전은
가만히 있어 살려줄게이었고
안보는 북핵 SLBM 사드배치 등
이쪽저쪽 이게 무슨 안전이고 안보인가
한낱 아이가 들고 노는 물총놀이 보다 못한
민족의 피를 빠는 전쟁놀이 하고 있는 것을

니이 그걸 어디서 들었냐
에이 아재는 그것도 몰라요 성주참외가
랜지에 익어서 안사묵고 굉음에 구토 나고
민중은 개돼지 쓰레기 기생충 고런거 몰라요

아이 참 답답해 아재는 누스도 안보요
지금 얼매나 떠드는디
이거하며 빠알간 자두 한 개 건네고
물총을 찍찍 뿌리며 도망간다

허 ~참 느닷없이 네 살배기 녀석에게 허를 찔려
물을 뒤집어 쓴 기분으로 얼굴을 훔쳐본다.

오모가리

어스름한 땅거미 내려앉은 골목길
몬당 집에 오를 때 흐드러진 능소화
품안 자식처럼 환한 얼굴로 반겨주고
식구들 하나둘 저녁 밥상으로 모여 든다

지글지글 끓인 오모가리 올려놓고
마음도 몸도 나누는 포근한 저녁
밥상머리에는
부패와 좌절과 신뢰할 수 없는
거짓 화해와 미처 날뛰는 집단이기와
억울하게 당한 이웃의 한숨은 없다

NLL도휴전선도DMZ도종북도친일도친미도
우라질 띠연죽 건데기만 못한
이념적 올무도 끝없는 다툼도 없다

얼음동동 떠있는 신건지 떠먹다
부딪치는 숟가락 소리
묵은 지 한 잎 콩나물 한 젓가락
정적을 깨우면

마주치는 눈빛으로 하루를 얘기하고
늘어진 어깨 추스르고 있노라면
빙그레 미소 짓는 달마 입술들이
지켜보는 능소화처럼 보올그래지는데

울부짖는 가을

해질녘 꼬부랑 샛길 따라 걷다
벌레 소리 발자국소리에 눌려
잃어버린 소리 귀를 의심케 하면
손엔 강아지풀 뜯기어
살랑대는 억새 바람이 흔들고
쓰실 꺼실 울음소리 파고든다

지나는 구름이 울어 주는지
슬픈 장송곡 구성지게 들려오고
눈앞에 보이는 낙엽 발아래 멈출 때
헐벗은 가지 찬 서리에 떨다 어금니
깨무는 소리 삐그덕 쩍쩍
바람에 우수수 떨어지는 노을에도
소스라치게 멍든 시린 마음들
아려오는 쓰린 소리 뚝 뚝 들림을

잠들지 못해 뒤척인 소리에 멈춘 침묵이
홀로 울어야하는 절통함을 아는가
반갑다고 짖어대는 옆집 복실이 소리에도
찢기우는 아픔 쉽도록 헤매다 찾아든

빈독골의 밤
어두운 가지에 매달린 채
흔들리지 않으려 소리에 섞여 잠들려 하는데

부침개

비 오는 날 출출한 기분으로
부침개 부쳐 한 입 베어 물다
불현듯 생각난 맛
오물거리며 오래 전 느꼈던
맛과 궁상맞은 그리움 합친
서글픈 세상 음미해 본다.

어머님이 만들어준 부침개가 최고였던 시절
부침개 한 쪽에 나누는 마음 배웠는데
이제는 기억 속에 자리한 정겨움 마저
그립게 만든 현실이 쓰리게 아려온다.

허기는 더 많은 허기짐 느끼게 하고
거덜난 정신 세상에 던지면 궁핍함 감추려
형용 색색 물들인 말장난에 놀아난 이중성
지지고 볶인 부침개 맛 잃고 팽개쳐진다.

넘쳐 썩은 것과 곪아 죽어가는 부유 속에 빈곤
얼기설기 꿰매다 도마 위에 놓고 난도질 한
이기와 개인주의 듬뿍 펴다 부침개 부치면

어머님 표 그 맛 찾을 수 있을까
균형 잃은 세상 잡것 한 움큼 통에 넣고 휘저어
불판 위에 놓으면 지글거린 양념냄새
또 다른 세상 꿈꾸게 하는데

주먹 쥐고 악수하기

썩어 문드러진 세태에
핏대 세워 주먹 쥐고 뻗으면
잡힐 듯 말듯 사라져 버리고
지나면 잊어버린 망각의 악수에
치를 떨지만 마주친 손뼉소리
짝~ 짝 거린다

쥐고 펴고 마주치면 앞과 뒤
부딪혀 둔탁한 파열음 나고
뒤집고 뒤집혀 잡힐 것 같은데
갈가리 찢긴 조각들 명줄 조여와
힘없이 손 펴고 상처 감싼다

손잡고 가야하는데 쥐고 펴는
악순환 끊어야 하는데
야비하게 무장한 악랄함이
평형을 잃고 약속은 불신과
싸워 엇갈리고 있으니

하루 또 하루

검고 흰 원색으로
부딪히는 존재의 모습
하루 시작은 각기 다른
일상을 덧칠하며 어루만져
빼곡히 채워진 틈새로
쌓이고 있다

붉게 떠오른 해를 바라보다
주변 둘러보면 어느새
색깔은 현란하게 다가 와
판단 흐리게 하고
푸른 하늘 보다 노란 하늘이
자주 비친 세상
긴 한숨에 혼합되고 있다

버리고 칠하고 두드리고
부수고 쌓고 만들고
다듬고 가꾸고 소리치고 침묵하다
이면의 색 찾아보면
스산한 냉기와 황홀한 온기가

범벅 되어 몸속 떠돌고
못 다한 아쉬움 꿈에서 이루면
하루는 또 하루를 죽이는데

헛꽃

산 수국 아름다워
다가서면
그것은 벌 나비
유혹하는 헛꽃이었네

희고 푸르고 붉고 노오란
온갖 변덕 부리다 유성화 위해
그렇게 말라 죽어간 꽃잎은
밟히고 바스러져 흙이 되고
혈류된 청초한 빛깔이었네

욕심은 허상 좇고 벌 나비 부른
수 많은 무성화 피었다 사라진
이름없는 꽃잎이려나
씨앗도 품지 못한 가련한 헛꽃이여

학림에 계신 송수권 시인님께
- 삼우날

아무것도 잡히질 않는다
그날 이후 바로 누울 수가 없다
앉았다 누웠다 머리도 손도 발도
굳어버린 석고처럼 딱딱하다

멍 허니 책상 앞을 서성이는데
오재동 선생님께서 문자가 왔다
외롭고 슬프거든 운암리 시편을
더 고독하고 허무하거든 산문에 기대어
제망매가 접동새를 암송하라 하신다

그래도 꼼짝을 할 수가 없다
읽은들 암송한들 생각한들 어리는 모습이
잊히기는 커녕 더욱 울컥 마른침을
삼켜야 진정이 된다

평소 말 주변이 없어 무성의 한 듯한
어투에 스민 따사로운 품이 그립기만 하다
여린 심성과 왜소한 체구에서 쏟아지는
걸쭉한 남도 언어들이 먹먹한 가슴에

돌고 돌아 귀를 먹게 한다

작년에 그렇게 힘들게 하던 족속들이
탈을 쓰고 나타나 위로하듯 다녀간 것을 보며
생전에 좋아 했던 담배가 생각난다
줄담배를 피우며 틀니를 뽑고 격노하며
고통스러워하던 모습 사실을 왜곡하던 몰이배가
이제는 아닌 척 슬픈 척 아쉬운 척 글밭을 일군다고
떠버리는 아가리에 꽁초 물을 부어주고 싶다

올 여름 하자던 일들은 어쩌고
혼자 별나라 낚시 가신건가요
생가 툇마루에 앉아 앞산 보며
옆 대숲 가리키며 감성과 정서를
깨워주던 곳 어릴 적 뛰어 놀던
뒷산에서 굽어보며 풍류 바다 낚시가고
산문에 기대어 동생도 만나니 어떠신가요

아직도 뭐가 뭔지 모르겠는데 대형은
꼴배기 싫은 넘들 앞에서 틀니를 뽑지 않아도
겉과 속이 다른 문학판에 똥물 끼얹지 않아도
하고 싶은 낚시하며 담배 피워 물고
쓰고 싶은 시 쓰고 가르치며 학림에 계시니

이제는 술 마시는 것도 배워 두십시오

잡은 고기 안주 삼아 세상을 마셔보게

젊은 전사들이여

선물 받은 표구 속 시 퉁을 몇 번을 되뇌였나
평전 당신이 남기신 그늘의 맛 보다 칠월
주말이면 땀과 열정과 더위와 싸우며
웃음의 미학을 만들어준 젊은 전사들을
보내줌에 벅찬 감동을 느꼈습니다

순수함이 변질된 사회 통념을 응강으로 노래했던
시적 화자보다 투박하지만 자신을 놓지 않으려
땀과 분노와 갈증을 뿜었던 시간들이 오롯이 퉁 속에
담겨 있기에 가슴 뭉클하게 엄습하고 있습니다

젊은 전사들이여

눈에 맺힌 눈물보다 가슴에 이는 그리움이 더 시리다는 걸
간직한 것 보다 나누며 깨우는 남도 서정시의 후예답게 싸워라
굵은 땀방울이 불손한 무리의 탐욕에서 해방될 수 있도록
맞서 당당히 외쳐 통곡하도록 돌진하라

이미 우리는 하나가 돼 시공간을 초월하며 누비지 않았던가
이 땅 이승에서 맺었던 인연을 살풀이 하듯 파천무를 추게
하였고 때론 작가로 시인으로 당신의 손끝은 온기를 품고
모두를 풍류로 모이게 젊은 전사를 앞세웠지 않았는가

젊은 전사들이여

이제 알았지 않았는가 진정한 동반자가 고결한 정신이
순수를 잃고 방황하면 결과는 찜통더위 보다 흘린 땀 보다
고통스러운 피눈물이 서로를 헐뜯어 깊은 상처만 입히고 사라지는 걸
훗날 평전선생 만나 제삿날밤 괴 꼬막 보듯 퉁사리 맞지 않으려면
멈추지 말고 쉼 없이 걸어라 걸어서 더 넓은 세상을 점령하라.

| 발문 |

문학은 시대를 그리며 시대정신을 담아

이재봉 | 원광대 교수

| 발문 |

문학은 시대를 그리며 시대정신을 담아

이재봉 | 원광대 교수

난 시를 창작해본 적도 없고 비평해보지도 않았다. 시에 대한 편애가 몹시 심해 제대로 감상할 줄도 모른다. 나에겐 '참여시' 나 '저항시' 또는 '민족시' 나 '민중시' 등의 '목적시' 만 참된 시다. 사회 현실을 반영하지 않거나 못하는 '순수시' 는 거들떠보지 않는다.

문학의 문외한이 문학의 목표나 임무를 얘기하는 게 같잖은 짓이겠지만, 문학은 시대를 그리며 시대정신을 담아 시대를 이끌어가는 역할을 맡는 게 바람직하다고 생각한다. 문학에서 '예술성' 이나 '심미성' 을 결코 빼놓을 수 없더라도 '사회성' 이나 '역사성' 이 더 귀중한 가치라고 믿는 것이다. 정치는 엉망진창이고 경제는 곤두박질하며 사회는 뒤죽박죽이고 외교는 갈팡질팡하는 분단국가의 참담한 현실에서 문학이 한가롭게 낭만에 빠질 여유가 있겠는가.

따라서 시인은 몇 줄의 글로도 시대와 사회를 이끌어 가야 하기에 역사에 무지하면 안 되고 현실에 비겁하면 곤란하다. 1960년대의 김수영과 신동엽, 1970-80년대의 김지하, 고은, 문병란, 양성우, 김준태, 김남주, 박노해, 백무산 등을 좋아하는 이유다. 박정희와 전두환 군사정권의 극심한 탄압에 시를 저항과 투쟁의 무기로 삼아 민주주의와 통일을 외쳤던 백기완이나 문익환 등을 존경하는 배경이기도 하다.

이런 내가 작년과 올해 8월 만해마을에서 남선현 시인을 만났다. 만해축전에 주도적으로 참가하는 『창작21 작가회』 회장이란다. 알고 보니 동향 출신이다. 남쪽 끄트머리 고흥에서 나 같은 이향민들에게 풋풋한 고향 내음을 전해주고 있다. 비슷한 연배이기도 하다. 1980년대가 끝날 무렵부터 시를 짓기 시작했으면 늦깎이인데 그동안 20여권의 시집을 냈다니 꽤 부지런한 모양이다.

지금 내보내는 시집에도 고향의 정겨운 모습이 구수한 사투리로 펼쳐진다. 「무자게 떠운 날」이 '무지하게 더운 날' 이란 남도 사투리라는 걸 독자들이 알까 싶은 쓰잘데없는 걱정이 생긴다. 「치마폭에 새긴 사연」은 돌아가신지 거의 30년이 된 내 엄니 (엄마)를 무자게 (무지하게) 보고잪 게(싶게) 이끈다.

그래도 내 눈길과 마음을 더 끄는 시는 이기형 선생 3주기를 맞아 쓴 「소리는 울음 머금고」다. 남북 사이에 "끊임없는 갈등 유발하는 위정자들 / 화면에 비친 기름진 쌍판"을 그린 게 좋다. 동네 개구쟁이와의 대화를 바탕으로 싸드 배치를 "물총놀이 보다 못한 민족의 피를 빠는 전쟁놀이"라고 일갈해버리는 「물총」은 이 땅의 남녀노소 모두가 꼭 읽도록 만들고 잪은 명작이다.

| 작품해설 |

상처를 안고 가는 자의 웅숭그린 언어들

현택훈 | 시인

| 작품해설 |

상처를 안고 가는 자의 웅숭그린 언어들

현택훈 | 시인

1. 세상 끝에서 부는 스산한 바람의 언어

남선현은 이번 시집 『비움』을 통해 세상 끝까지 가서 시를 쓰려고 하는 시인의 자세를 충분히 보여주고 있다. 그의 시세계는 존재, 추억, 현실 문제, 제주도 등 관념과 구체를 넘나들며 다채로운 모습으로 나타난다. 어디를 가든 시와 마주치려고 하는 자세가 준비되어 있기에 물러서는 법이 없다. 그런데 이러한 자세는 장점과 단점을 동시에 지니게 된다. 장점은 언제나 시의 눈을 뜨고 있기 때문에 시로 형상화되는 가치가 있다. 시를 쓰지 않으면서 어떻게 시인이라고 할 수 있는가. 남선현은 최소한 어떻게든 시를 쓰고 있기에 시인이다. 반면에 단점은 여과의 기능이 발휘되지 못한다는 점이다. 모든 것을 시로 소화하려는 자세이기에 자칫 감정의 과잉이 나타날 수 있다.

우리는 표현의 욕망을 버리지 못한다. 형상화의 유혹이 시를 여기까지 끌고 온 것이지만 의도의 방향타가 적용되어 형상화 이후의 이물감이 형성되곤 한다. 그 이물감을 시적 전율이라고 한다면 그 이물감을 느끼기에 우리는 시를 쓴다. 이렇게 표현의 생활화가 되어 있는 시인이 깊이와 넓이를 병행할 수 있다면 더할 나위 없겠지만 그런 자세는 견고함이 따라야 하기 때문에 여간해서는 시의 방법으로는 고충이 따르는 시작이다. 대상을 시로 쓰면서 대상과 자아의 초점 조절이 시시각각 움직이기 마련이다. 사진을 찍듯 대상에 카메라 렌즈를 들이댄 거라면 셔터를 언제 누를 것인가, 하는 선택이 시인의 몫이다. 그 지점에서 우리는 황홀한 순간을 맞이하게 되기를 바라는 것이다.

너와 나 물 위 나르는 새떼
갈 곳 어디란 말인가
침전된 뿌리마저 뽑아내면
너희들 쉴 곳 어디
허허롭게 떠나는

구름 사이로 희미한 낮달
꺼~어 꺽 신음소리 애절한데

-「철새와 나는 -고흥만 간척지에서」 부분

이 시 「철새와 나는 -고흥만 간척지에서」에서 시인은 철새를 통해 시인의 좌표를 확인하고 있다. 세상 끝까지 날아가 "꺼~어 꺽 신음소리"를 낸다. 시의 세계는 어디까지일까. 시의 외연을 넓히는 것이 시인에게 긍정적일까. 존재하지 않는 세계를 어떻게 형상화할까. 남선현의 이번 시집 『비움』을 읽으며 드는 의문들이다. 남선현의 시적 카메라는 아주 무겁고 묵직하다. 남선현은 사회적 의무감을 지닌 채 알레고리의 시를 쓴다. 그렇다고 풍자나 선동을 하는 것은 아니다. 관계의 노모스에 의문을 제기할 때 그의 시적 방식은 자기 모멸이나 자기 학대에 가깝다. 그러한 충돌부터 시작했으니 세상을 순순히 받아들이기 어렵다. 내면 충돌과 외연 충돌이 추돌하면서 남선현 식의 시작이 발휘되고 있다. 그것은 거대한 매커니즘에 대응하며 시를 쓰는 시인이 그에 따른 불행을 목도해야 하는 게 현실이기 때문이다. 그러한 불행한 현실에 회의적인 토로에 머물거나 아예 도피해버리는 경우가 많은데 남선현은 그 불행과 정면승부하려는 자세를 취하고 있다.

2. '비움' 과 '상처'

남선현의 이번 시집 제목은 '비움' 이다. 그런데 남선현의 시집 『비움』을 단지 비움의 시학으로 읽기에는 무리가 있다. 이 시집의 '비움' 은 음각으로 새기면서 생기는 공간의 형상화다. 그 비어있는 곳을 흠결이라 부르지 않고 비움이라 명명할 수 있는 것은 그의 넓은 시안으로 확인할 수 있다. 그의 시의 자장은 매우 넓다. 그렇게 넓게 흘러가기 위해 짐을 내려놓고 가야 한다. 그 지점에서 '비움' 이 생긴다. 그러니까 그의 '비움' 은 곧 흠결이 되고 그 흠결이 시간이 지나면서 물결이 된다. 시인이 시로 새긴 흐름들이다. 비우지 않고서는 시의 길을 갈 수 없다.

"고독이라 묻어 두고 싶지만/ 불어오는 삭풍 견딜 수 없어/ 물결 위에 띄우면 하얗게 일렁이는/ 쓸쓸함 혼자임을 확인하고 돌아설 때"(「밤바다」) '비움' 으로 돌아서야 한다. 고독도 비워야 하는 것이 인간의 숙명이다. 짐 없는 트럭이 물건을 또 실을 수 있다. 물건을 다른 곳에 부리지 않고 어떻게 상차할 수 있는가. 남선현 시인은 넉넉하면서도 겸손한 미덕으로 시를 쓴다. 느리지만 기어코 가고자하는 곳은 도착하고야마는 달팽이를 닮았다. 배밀이로 기어가며 온몸으로 시를 만나고 시를 쓴다. 그래서 그의 시는 충돌하는 지점이 많다. 이 사회를 회피하거나 다른 곳에서 은둔하는 것이 아니라 사회의 부조리나 어떤 국면과 승부를 건다. 시인은 마치 시라는 공구함을 들고 다니는 것 같다. 제재를 만나면 그 제재의 문제점을 고치려고 한다. 그러다 제 몸에 상처를 입어도 엄살 부리지 않고 그 상처를 감내하며 시의 길을 멈추지 않는다. 비움의 시학보다는 상처의 시학으로 보는 것이 더 어울린다.

남선현의 '상처'는 대상과 부딪치면서 생기는 균열이다. 이 균열이 성긴 틈을 만들고, 그 틈으로 세상의 모든 것들을 다 흡수하려고 드니 걱정하지 않을 수 없다. 상처를 즐기면 엄살로 치부된다. 상처를 치유하는 방식이라면 도리어 동정심과도 거리가 멀어져 신파로 추락하게 된다. 그러지 않기 위해 남선현이 취하는 방식인 상처 너머의 시쓰기는 상처로 말미암아 나아가되 그만의 거리 조절로 부단히 렌즈를 돌리고 있다.

> 잠들지 못해 뒤척인 소리에 멈춘 침묵이
> 홀로 울어야하는 절통함을 아는가
> 반갑다고 짖어대는 옆집 복실이 소리에도
> 찢기 우는 아픔 섧도록 헤매다 찾아든
> 빈독골의 밤
> 어두운 가지에 매달린 채

흔들리지 않으려 소리에 섞여 잠들려 하는데

-「울부짖는 가을」 부분

남선현의 시집 『비움』에 흐르는 물결은 서늘하면서도 부드럽다. 주제는 따뜻할지라도 어조는 차갑다. 시인의 눈은 이 세상의 문제점을 용납하지 않는다. 서늘한 칼날 같은 문장으로 대상을 긴장하게 만든다. 비운 그 자리에 상처가 생긴다. 이 지점이 시에 생기를 부여하고 있어서 미메시스 충돌을 미진하게 만들어 다행이다. 서늘하게 말하되 그 언어의 기저에는 대상에 대한 애정이 있으니 시적 환기가 가능하다. 남선현의 코기토는 정적 파편을 줍는 행위에 급급한 혐의를 받을 수는 있겠지만 그의 시적 전개 방식으로 나타나는 자아는 목적 의식이 분명해서 리얼리즘이 아니면서도 사실성이 구현되고 있다. 시 「울부짖는 가을」에서는 세상을 향해 울부짖는 시인의 모습을 상상할 수 있다. "홀로 울어야하는" 시인의 숙명을 감내하고 있다. 때로는 숙연하고 때로는 울분을 삼키는 표현이 나타나고 있다.

그러니까 남선현 시의 차가움이 냉소는 아니다. 세상이 어떨지라도 시인의 마음은 종국에는 세계를 따뜻하게 품으려고 한다. 이는 시인의 가치관이 시에 반영된 결과일 것이다. 시인은 한 곳에 머무르지 않고 동분서주

한다. 시가 오기를 기다리는 것이 아니라 시를 찾아다녔음을 다양한 제재의 시를 통해 짐작할 수 있다. 다소 같은 대상이거나 이미 자신의 다른 시에서 표현한 시구가 거듭 등장하긴 하지만 사회의 거의 모든 면을 시에 담으려고 하는 모습을 잃지 않는다. 이는 작가로서 문제의식이 살아있는 바람직한 문학정신이다. 같은 대상에 대한 시쓰기는 강조로 여길 수 있으며, 그러한 강조를 통해 서늘하면서도 부드러운 시의 분위기는 더욱 고조되고 있다.

3. 상처를 끌어안는 방식

남선현 시의 대상은 주로 아파있는 경우가 많다. 병이 들지 않았다고 해도 처연함이 있다. 그것은 아픔을 바라보는 차가운 시선 때문에 생긴다. 멀쩡한 사물도 남선현의 눈에는 가엾고 쓸쓸한 처지로 변한다. 그러한 상처의 대상은 근원적 상처라기보다는 사회 구조적인 문제에 의한 상처가 더 많다고 시인은 보고 있다. 사회의 구조 속에서 세상을 바라보기 때문에 시가 관념적으로 흐를 수 있는 것을 막고 있다. 나의 외로움이 아닌 너의 외로움을 노래하고 있는 셈인데 그것은 오랜 시쓰기와 사회에 대한 고민 속에서 형성된 시의 자세로 여길만하다.

글썽이는 눈물과 가녀린 흐느낌
켜켜이 묻어둔 쓰린 상처 들춰
되돌아보니 별박이 되어 돌고 있다

어스름한 여운 산허리에 걸친 눈썹달
밝음과 어둠의 조화 잡히지 않은 현실
요동치는 갈증이 스산한 바람 만나
후들후들 알록달록 스치고 있다

밤과 낮이 실체를 상실케 하고
별이란 환상만 남긴 하늘 향해
조소를 보내면 엉킨 줄 한 묶음
연륜에 감겨 멀어진 매듭 풀어보는데

-「별박이」 전문

이 시 「별박이」에서 대상을 바라보는 시선은 동병상련의 마음을 지니고 있다. "쓰린 상처"의 '별박이'와 거리를 멀리 하지 않는다. "되돌아보니 별박이 되어 돌고 있"는 궤도에 있다. '별박이'는 언제나 '내' 주위를 돌고 있었다. '별박이'는 한때 '내'가 날리던 연이었으나 줄이 끊어져 아주 높이 날아가버린 연이다. 그러한 연이 별이 되었다면 그 연은 아직 하늘을 날고 있는 것이다. 그것은 '눈썹달'이기도 하고 "스산한 바람 만나/ 후들후들 알록달록 스친"다. 이 별이 태초의 별이거나 '나'

와는 거리가 먼 별이 아니라 '내가' 가 줄을 풀어 날린 연이기에 이 별은 바로 '나' 자신이기도 하며 유년이기도 하며 보듬지 못한 지나간 사랑이기도 하다. 상처의 근원을 모색하다보면 관념에만 사로잡힐 수 있기에 연이 별이 된 '별박이' 를 통한 상처의 궤적을 그려보는 것은 시인의 탁월한 선택이다. 그러니까 '나' 는 별 곁을 떠나지 않은 것이다. 어쩌면 나 역시 '별박이' 이기에 이 궤도를 벗어날 수 없다. 이러한 구조적 동병상련이 독자의 마음을 따뜻하게 한다.

상처를 치유하는 방식에는 여러 가지가 있겠지만 남선현의 방식은 상처와 나를 하나로 보는 방식이다. 당신의 상처를 치유하기 위해 일부러 상처를 입는 것은 아닐까, 하는 걱정이 들 정도다. 그것은 자명하게도 순전히 시를 위해서다. 그래서 그의 시는 서늘하면서도 부드럽다. 남선현 시의 전반에 흐르는 이 정서가 바로 상처를 보듬고 위로하는 마음이다. 그리하여 그 마음은 그에게 시쓰기의 당위성을 부여한다. 아마도 남선현은 세상의 상처를 노래하기 위해 시를 쓰고 있는 것 같다. 시인 역시 세상 속에 있으며 우리를 위해 시가 있음을 시인은 시를 통해 보여주고 있는 것이다.

실적 목표달성 선순환

들이대는 칼끝은 숨을 멎게 하고
질리도록 학대하며 자해하듯 괴로워
하루하루 쌓인 날들과 그렇게 조여 온
실리들

찔리고 횱고 꿰매고 깁고 휘두르며
무뎌진 촉은 숫돌에 갈린 날을 세운
돌가루처럼
눈 앞 일상들이 헐떡거리며
원망과 합리화에 난도질당해
누덕累德이 된 딱지를
쓰릿 아릿한 가슴 어루만지며
붙어있는 부스러기를 다독이고 있다.

-「딱지」 부분

시「딱지」에서 나타나는 상처는 직장 생활에서 생기는 상처다. 회사에서 일하는 것이 어렵다는 엄살이나 불평이 아니다. 시인은 직장이라는 상황을 통해 사회를 말하고 있다. '실적 목표달성 선순환' 이라는 용어들이 인간 위에 군림한지 오래되었다. 우리는 그러한 자본주의 체제 안에서 실적을 올리기 위해 발악을 하고, 목표달성을 이루지 못하면 짤리게 되고, 선순환이 되기 위해 곡예를 한다. 찰리 채플린이 영화 〈모던 타임즈〉에서 보여준 것처럼 우리는 직장에서 기계의 부속품이 되어 일한다. 우리는 선순환이라 생각하지만 그것은 악순환이다. 그러한 순환 속에서 산업재해처럼 상처를 입게 된다. 자본주의가 많은 사람들의 딱지 위에 건설된 것은 자명한 사실이다.

'딱지'는 새 살이 나기 위한 치유의 과정이다. 자본주의는 이 딱지 위에 생기는 새 살이다. 상처 입은 살을 죽이고 딱지 위에 생기는 이 경쟁의 사회에서 상처 받고 소외 당하는 것들에 시인은 시선을 두고 있다. 그들이야말로 시가 필요한 존재들이라고 시인은 말하고 있는 것이다. 일찍이 백석이 시 「모닥불」에서 나열한 것들과도 같다. "새끼오리, 개니빠디, 너울쪽, 짚검불, 가랑잎, 머리카락, 헝겊조각" 등과 같은 보잘 것 없어 보이지만 우리의 삶 속에 살아있는 대상들을 생각하게 한다. 백석이 "몽둥발이가 된 슬픈 역사"를 생각했듯 남선현은 "눈도 눈물 되고 비도 눈물 되어/ 소리 없이 험한 세상 씻어 내는/ 상처들 하나 둘 가슴 헤집는"(「눈물」) '눈꽃'으로 세상의 상처를 생각한다. 그에게 빗물이나 진눈깨비나 함박눈은 모두 '눈물'이다. 즉 '눈물'이 딱지이며, 새 살은 '눈꽃'이다.

4. 정직하고 올곧은 배밀이

남선현 시인은 김수영의 시론을 충실히 실천하고 있

는 시인이다. 온몸으로 밀고나가는 시를 쓸 것. 그의 시 「달팽이」를 그의 주제가로 불러도 되겠다. 발을 딛는 곳마다 시가 되는 모습을 보이는 그의 시쓰기에서 이 시는 서시의 성격을 지니고 있다. 그가 예전부터 시를 쓰면서 이러한 온몸의 시학을 유지해 왔는데 이 시에 이르러 선언을 하고 있다. 해묵은 이미지를 만나도 흡수한다. 호흡이 다소 거칠지만 앞으로 나아가는 것이 중요하기에 그의 시는 길 위의 시가 되고 있다.

늘 혼자였다고 생각했지
거들떠보지 않은 길을 걸으며
남보다 많은 걸음으로 당당해야 했고
아무도 모른 울적함 감추려
웃음 지으며 고통을 넘겨야 했다

울지 않으려 입술 깨물며 고개를 들었지
눈망울 붉게 타고 목이 타 들어도
도망치지 못할 만큼 참고 참아야
잎사귀를 넘었고 의젓하게 이슬로 목을 축였지
때론 가장 낮은 곳으로 무겁게 무겁게
지고 넘어 왔는데 무엇이 또 막아서느냐

발을 헛딛고 칼날에 베인 상처가 아려와도
아닌 척 희망의 끈을 잡고 몸부림쳤고
죽을 힘 다해 걸어가야 했다 그렇다 집 속에
가둬버린 알몸의 움츠림도 살기 위한
처절함의 아우성인데 그것마저 할 수 없단

말이냐

- 「달팽이는」 부분

달팽이는 느리지만 다리도 없이 배밀이로 움직인다. 이 시의 '달팽이'는 바로 시인 자신이다. '달팽이'의 길은 누가 "거들떠보지 않은 길"이다. 그렇다고 가지 않을 수 없는 길이 '달팽이'의 길이다. 이 '길'은 남선현 시인에게 삶의 길이자 시의 길이다. "아무도 모른 울적함 감추"며 가는 길이다. "때론 가장 낮은 곳으로 무겁게 무겁게/ 지고 넘어" 가는 길이다. 길을 가는 방법은 다양하다. 빨리 가는 방법도 있다. 그런데 시인은 달팽이를 선택했다. "발을 헛딛고 칼날에 베인 상처가 아려와도 / 아닌 척 희망의 끈을 잡고 몸부림"치며 걷는다. 달팽이는 우보만리의 정신을 보여준다. 남선현 시인에게 시쓰기는 달팽이의 시작법과 닮았다. 느릿느릿 쓰지만 결국 목적지에 도착하고야 마는 인내심이 보인다. 주저함이 없다. 세상의 시선 따위는 아랑곳하지 않는다. "처절함의 아우성"이기에 앞으로 간다.

그렇다면 남선현 시인을 달팽이 시인이라고 불러도 되겠다. 달팽이는 온몸으로 전진한다. 걸으면서 몸이 스치는 것들은 모두 시가 될 요건을 갖추게 된다. 그가 가는 길을 가는 방법은 정직하다. 정면승부를 하고 있다.

대상을 가늠해서 우회할 수도 있는데 비겁하게 굴지 않는다. 그러한 올곧은 신념이 시를 가쁘게 만들기도 하지만 그러한 개성이 발휘되어 남선현 시인의 시 색깔이 되고 있다. 달팽이가 지나간 자국에 시가 펼쳐지고 있다.

남선현은 "거대한 바위에 올라 꼼짝 못 하고 울부짖는 / 초라한 몰골이 뇌리를 떠나지 않고 괴롭히고 있을 때"(「갈림길에 서서」) 시를 쓴다. "정제된 세상에 마음 한 줌/ 내려놓으면 상처뿐인"(「낙엽」) 세상에서 "상처가 덧나는 줄 모르고/ 서슬 퍼렇게 세워진 날 끝을/ 움켜잡"(「딱지」)는다. 그의 시는 상처가 상처에게 쓰는 시다. 대상에게 향한 시는 다시 내게로 돌아오는데 그 과정에서 빛나는 부분이 있으니 그것이 바로 시의 효과다. 그가 치유를 노래하는 모습은 찾기 어렵다. 상처를 숨기지 않고 드러내는 것에 집중하고 있다. 수많은 상처를 보여주기에도 벅차서 치유나 회복을 말할 여력이 없어 보인다. 간혹 희생자를 위로하는 시를 보이기도 하지만 상처가 방치된 채 다독이는 노래여서 뜨악한 점이 없지 않다. 그의 시에서 가장 큰 특장은 자아를 상처화하는 점이다. 희생자와 자아를 구분지어 버리면 공감하기 어려웠던 부분에서 화자를 희생자로 동일시 할 때 공감의 폭이 더욱 넓어질 것이다.

5. 잃어버린 시간을 찾기 위하여

시집 『비움』에서 확인해야 할 지점 하나는 「잃어버린 시간」 연작시의 의미다. 우리에게 잠은 잃어버린 시간이나 마찬가지다. 하루 24시간 중에서 8시간 정도 잠을 잔다고 보면 우리는 인생의 1/3을 잠으로 보내고 있는 셈이다. 온몸으로 시를 쓰는 남선현은 잠의 시간까지 고심해 보고 있다. 우리가 잠을 자는 밤의 시간은 시의 경계 너머에 있는 것 같지만 이러한 경계를 뛰어넘는 행위는 오랫동안 지속해온 일이다. 남선현 역시 '밤'을 생각하고 있다. '밤'의 "심장은 꽁꽁 얼어 녹지 않고 조각조각 얼음덩이"로 되어 있다. "노역의 언어들"은 "헐렁하고 휑하게 들려오는 바람소리"를 낸다. 이 '밤'은 "생각하면 할수록 초라하고 작아지는 잠들지 못한 잠의 전리품들"을 품고 있다. "허우적허우적 생각은 어둠을 채우고", "바닷가 오두막에서 홀로 조개를 줍고 쓸쓸히/ 파도가 되고", "어둠속에서 헤아릴 수 없는 모래성을 쌓"는다.

> 불을 끄든 켜놓던 눈에 비친 모습들은 일그러져 덮쳐오고
> 놀라 부릅뜨면 천장 속으로 깊이 숨어버린 잠
>
> 심장은 꽁꽁 얼어 녹지 않고 조각조각 얼음덩이 잘

게 부서
쌓인 노역의 언어들을 곱씹어 안정 시켜 보지만
헐렁하고 휑하게 들려오는 바람소리 뿐

밤이 무섭다
생각하면 할수록 초라하고 작아지는 잠들지 못한
잠의 전리품들
유혹이 할퀸 자국 지워지지 않는 잿빛 나날들
뒤척이다 아침이 오면 원색 그림자 밤을 빼앗고 있
었다.

-「잃어버린 시간 -불면不眠 · 1」 부분

앞으로 그의 시세계가 어떻게 변모할 지는 이 연작시를 통해 짐작할 수 있다. 제한적 공간에서 벗어나 무의식의 세계로 시의 자장을 넓힐 것으로 보인다. 이 시간을 찾는 행위는 무의식의 세계로 가려는 욕구의 형상화다. 들뢰즈는 존재를 말하는 것은 다의적이라고 했다. 밤의 존재는 여러 가지 흐름으로 표현할 수 있다. 반복의 세계는 잠 역시 마찬가지며 그러한 반복을 통해 범위가 형성된다는 들뢰즈의 말을 통해 접근해 보면 남선현에게 잠은 반복의 세계인데 그 시간을 무시한다는 것은 존재를 회피하는 것이라고 할 수 있다. 즉 남선현은 「잃어버린 시간」 연작시를 통해 '잃어버린 시간' 에 존재를 부여하여 시의 세계를 넓히고 있다.

마르셀 프루스트는 소설 『잃어버린 시간을 찾아서』를 통해 인생은 결국 잃어버린 시간에 불과한 것으로 보았다. 즉, 연대기는 잃어버린 시간의 요약본이다. 그렇다면 남선현이 잃어버린 시간을 탐구하는 것은 텍스트 바깥의 이미지를 형상화하려는 시도로 "밤새도록 헤매다 아침이면 온몸이 천근인" 시간 속에서 "어둠속에서 헤아릴 수 없는 모래성을 쌓는" 행위가 곧 무의식의 세계를 의식의 세계로 이동시키려는 몸부림이다. 마르셀 프루스트가 대하소설을 쓰면서 잃어버린 시간을 찾아다닌 것처럼 남선현은 시를 통해 잃어버린 시간을 찾아 모으는 일을 해나갈 수 있을 것으로 보인다. 그의 주저함이 없는 시쓰기 방식과 상처를 품으려는 미덕에 시 「폐선」에서 보여주듯 서정성이 더해진다면 앞으로 '잃어버린 시간을 찾아서' 의 시집을 기대해도 되겠다.

바닷가 후미진 곳
낡은 배 한 척
간간히 손짓하며
기억으로
외로움 달래지만
한 맺힌 세월
쪽빛 물결 유월의 신록
무엇하나 잡히지 않는 뒤안길
땀과 정신이 범벅 돼

바다에 놓고 돌아 설 때면
찾지 못한 그리움 붙들고
산 자의 아픔 파도에 부딪혀
시원함이 허전함 달래려 출렁이고
깜박 깜박 들어갔다 나왔다
묶인 줄 의지한 빈약한 모습은
어제의 풍요소리 삐걱거리는데

-「폐선」 전문